DOCUMENTOS DO MAGISTÉRIO

FRANCISCO

Exortação Apostólica
Só a confiança
(*C'est la confiance*)
do Santo Padre
sobre a confiança no amor
misericordioso de Deus por ocasião
do 150º aniversário do nascimento de
Santa Teresa do Menino Jesus e da Santa Face

DOCUMENTOS DO MAGISTÉRIO

Edições Loyola

Exortação Apostólica
C'est la confiance
sobre a confiança no amor misericordioso de Deus
Papa Francisco
1ª edição – 2023

Título original:
Esortazione Apostolica C'est la confiance
– sulla fiducia nell'amore misericordioso di Dio

Tradução:
Secretaria de Estado da Santa Sé

Revisão e adaptação:
Gabriel Neves da Cruz
João Vítor Gonzaga Moura

© dos textos originais, 2023:
Amministrazione del Patrimonio della Santa Sede Apostolica;
Dicastero per la Comunicazione – Libreria Editrice Vaticana

© da tradução em português para o Brasil, 2023:
Conferência Nacional dos Bispos do Brasil

As citações bíblicas constantes desta obra foram transcritas da
Bíblia Sagrada – Tradução Oficial da CNBB, 6ª edição – 2022.

Capa e diagramação: Ronaldo Hideo Inoue
(capa executada a partir do projeto gráfico
original de Walter Nabas)

Edições Loyola Jesuítas
Rua 1822 nº 341 – Ipiranga
04216-000 São Paulo, SP
T 55 11 3385 8500/8501, 2063 4275
editorial@loyola.com.br
vendas@loyola.com.br
www.loyola.com.br

Todos os direitos reservados. Nenhuma parte desta obra pode ser reproduzida ou transmitida por qualquer forma e/ou quaisquer meios (eletrônico ou mecânico, incluindo fotocópia e gravação) ou arquivada em qualquer sistema ou banco de dados sem permissão escrita da Editora.

ISBN 978-65-5504-314-3

© EDIÇÕES LOYOLA, São Paulo, Brasil, 2023

107288

Sumário

7
Lista de siglas

9
Só a confiança
(*C'est la confiance*)

13
Capítulo I
Levar Jesus aos outros

17
Capítulo II
A pequena via da confiança e do amor

25
Capítulo III
Serei o amor

33
Capítulo IV
No coração do Evangelho

Lista de siglas

CIgC   Catecismo da Igreja Católica
EG   *Evangelii Gaudium*
GeE   *Gaudete et Exsultate*
LF   *Lumen Fidei*

1. *"C'EST LA CONFIANCE et rien que la confiance qui doit nous conduire à l'Amour* — É A CONFIANÇA e nada além da confiança que deve nos conduzir ao *Amor*".¹

2. Essas palavras tão incisivas de Santa Teresa do Menino Jesus e da Santa Face dizem tudo, sintetizam a genialidade da sua espiritualidade e seriam suficientes para justificar o fato de ter sido declarada Doutora da Igreja. Só a confiança e "nada mais"... Não há outra via que devamos percorrer para sermos conduzidos ao Amor que tudo dá. Com a confiança, a fonte da graça transborda em nossa vida, o Evangelho se faz carne em nós e nos transforma em canais de misericórdia para os irmãos.

3. É a confiança que nos sustenta a cada dia e que nos manterá de pé diante do olhar do Senhor quando Ele nos chamar para junto de si: "Ao entardecer desta vida, aparecerei diante de vós com as mãos vazias, pois não vos peço, Senhor, que conteis minhas obras. Todas as nossas justiças têm manchas aos vossos olhos. Quero, portanto, revestir-me da vossa própria Justiça e receber do vosso Amor a posse eterna de vós mesmo".²

---

1. Santa Teresa do Menino Jesus, **Carta 197, À Irmã Maria do Sagrado Coração**, 17 de setembro de 1896.
2. *Idem*, **História de uma Alma**. Oferecimento de mim mesma como vítima de holocausto ao amor misericordioso de Deus, 9 de junho de 1895.

4. Teresinha é uma das santas mais conhecidas e amadas em todo o mundo. Assim como São Francisco de Assis, ela é amada até por não cristãos e não crentes. Ela também foi reconhecida pela UNESCO como uma das figuras mais significativas da humanidade contemporânea.[3] Será de grande proveito para nós aprofundar sua mensagem ao comemorarmos o 150º aniversário de seu nascimento, que aconteceu em Alençon, no dia 2 de janeiro de 1873, e o centenário da sua beatificação.[4] No entanto, não quis publicar esta Exortação em nenhuma dessas datas, nem no dia de sua Memória, para que esta mensagem vá além dessas celebrações e seja compreendida como parte do tesouro espiritual da Igreja. A data da presente publicação, Memória de Santa Teresa d'Ávila, tem como objetivo apresentar Santa Teresa do Menino Jesus e da Santa Face como um fruto maduro da reforma do Carmelo e da espiritualidade da grande Santa espanhola.

5. Sua vida terrena foi breve, apenas vinte e quatro anos, e simples como qualquer outra, passada primeiro em família e depois no Carmelo de Lisieux. A extraordinária carga de luz e amor que irradiava de sua pessoa, manifestou-se logo após sua morte, com a publicação de seus escritos e com as inumeráveis graças obtidas pelos fiéis que a invocaram.

6. A Igreja reconheceu, rapidamente, o valor extraordinário de seu testemunho e a originalidade de sua espiritualidade evangélica. Teresa encontrou o Papa Leão XIII por ocasião da peregrinação a Roma em 1887 e pediu-lhe autorização para entrar no Carmelo com a idade de quinze anos. Pouco depois da sua morte, São Pio X percebeu sua enorme estatura espiritual, a ponto de afirmar que ela se tornaria a maior Santa dos tempos modernos. Declarada venerável em 1921 por Bento XV, que elogiou suas virtudes centrando-as na "pequena via" da infância es-

---

3. Para o biênio 2022-2023, a UNESCO inseriu Santa Teresa do Menino Jesus entre as personalidades a celebrar por ocasião do 150º aniversário do seu nascimento.
4. 29 de abril de 1923.

piritual,⁵ foi beatificada há cem anos e, depois, canonizada em 17 de maio de 1925 por Pio XI, que agradeceu ao Senhor por ter-lhe permitido que Santa Teresa do Menino Jesus e da Santa Face fosse "a primeira beata que elevou às honras dos altares e a primeira santa canonizada por ele".⁶ Em 1927, o mesmo Papa declarou-a padroeira das missões. Foi proclamada uma das padroeiras da França, em 1944, pelo venerável Pio XII, que em diversas ocasiões aprofundou o tema da infância espiritual.⁷ São Paulo VI gostava de recordar que recebeu o Batismo em 30 de setembro de 1897, dia da morte de Santa Teresinha, escrevendo no centenário de seu nascimento uma carta sobre a sua doutrina, que dirigiu ao Bispo de Bayeux e Lisieux.⁸ Durante sua primeira viagem apostólica à França, no dia 2 de junho de 1980, São João Paulo II visitou a Basílica dedicada a ela e, em 1997, declarou-a Doutora da Igreja, contemplando-a como "perita da *scientia amoris*".⁹ O Papa Bento XVI retomou o tema da sua "*ciência do amor*", propondo-a como "uma guia para todos, sobretudo para aqueles que, no Povo de Deus, desempenham o ministério de teólogos".¹⁰ Por fim, em 2015, tive a alegria de canonizar seus pais, Luís e Zélia, durante o Sínodo sobre a família e, recentemente, dediquei-lhe uma Catequese no ciclo sobre o zelo apostólico.¹¹

---

5. Cf. BENTO XV. **Decreto sobre as Virtudes**. 14 de agosto de 1921.
6. PIO XI. **Celebração Eucarística *Benedictus Deus*, em honra de Santa Teresa do Menino Jesus**. (Homilias). 17 de maio de 1925.
7. Cf. PIO XII. **Carta a Dom François-Marie Picaud, Bispo de Bayeux e Lisieux**. 7 de agosto de 1947; Idem. **Radiomensagem para a consagração da Basílica de Lisieux**. 11 de julho de 1954.
8. Cf. PAULO VI. **Carta a Dom Jean-Marie-Clément Badré, Bispo de Bayeux e Lisieux, por ocasião do centenário do nascimento de Santa Teresa do Menino Jesus**. 2 de janeiro de 1973.
9. JOÃO PAULO II. **Carta Apostólica *Novo Millennio Ineunte*: no termo do Grande Jubileu do ano 2000**. Vaticano, 6 de janeiro de 2001, n. 42.
10. BENTO XVI. **Santa Teresa de Lisieux**. (Audiências). Praça São Pedro, 6 de abril de 2011.
11. Cf. FRANCISCO. **Catequeses. A paixão pela evangelização: o zelo apostólico do crente — 16. Testemunhas: Santa Teresa do Menino Jesus, Padroeira das Missões**. (Audiências). Praça São Pedro, 7 de junho de 2023.

Capítulo I
Levar Jesus aos outros

7 No nome que escolheu como religiosa, põe-se em evidência Jesus: o "Menino" que manifesta o mistério da Encarnação, e a "Santa Face", isto é, o rosto de Cristo que se entrega até o fim na Cruz. Seu nome é "Santa Teresa do Menino Jesus e da Santa Face".

8 O Nome de Jesus é continuamente "respirado" por Teresinha como um ato de amor, até o seu último suspiro. Em sua cela, gravou estas palavras: "Jesus é o meu único amor". Isso era a sua interpretação da afirmação central do Novo Testamento: "Deus é amor" (1Jo 4,8.16).

Alma missionária

9 Como sucede em todo o encontro autêntico com Cristo, sua experiência de fé a chamava para a missão. Teresa pôde definir sua missão com as seguintes palavras: "Eu desejarei no Céu o mesmo que na terra: amar Jesus e fazê-lo amar".[1] Ela escreveu que havia entrado no Carmelo "para salvar as almas".[2] Em outras palavras, ela não concebia sua consagração a Deus fora

---
1. Santa Teresa do Menino Jesus, **Carta 220, Ao Padre M. Bellière**, 24 de fevereiro de 1897.
2. *Idem*, **História de uma Alma**. Manuscrito A, 69.

da busca do bem de seus irmãos. Compartilhava o amor misericordioso do Pai pelo filho pecador e o amor do Bom Pastor pelas ovelhas perdidas, afastadas, feridas. É por isso que ela é a padroeira das missões, mestra da evangelização.

10 As últimas páginas da *História de uma Alma*[3] são um testamento missionário, exprimem a sua maneira de entender a evangelização por atração (cf. EG, n. 14)[4] e não por pressão ou proselitismo. Vale a pena ler como ela própria a sintetiza: "'*Atraí-me, correremos* ao odor dos vossos perfumes'. Ó Jesus, nem mesmo é necessário dizer: 'Atraindo-me, atraia as almas que amo!'. Esta simples palavra: 'Atraí-me', basta. Senhor, eu compreendo. Quando uma alma se deixa cativar pelo odor inebriante dos vossos perfumes, ela não é capaz de correr sozinha: todas as almas que ela ama são arrastadas atrás dela. Isso se faz sem coerção, sem esforço; é uma consequência natural de sua atração por vós. Assim como uma torrente, lançando-se impetuosamente no oceano, arrasta consigo tudo o que encontrou em seu percurso, do mesmo modo, ó meu Jesus, a alma que mergulha no oceano sem limites de vosso amor, leva consigo todos os tesouros que possui... Senhor, bem o sabeis, não tenho mais nenhum tesouro a não ser as almas que vos aprouve unir à minha".[5]

11 Aqui cita as palavras que a esposa dirige ao esposo no *Cântico dos Cânticos* (1,3-4), conforme a interpretação aprofundada pelos dois doutores do Carmelo, Santa Teresa de Jesus e São João da Cruz. O Esposo é Jesus, o Filho de Deus que se uniu à nossa humanidade na Encarnação e a redimiu na Cruz. De seu lado aberto Ele deu à luz a Igreja, sua Esposa amada, pela qual deu sua vida (cf. Ef 5,25). O que impressiona é que Teresinha, ciente de estar próxima da morte, não vive este mistério fe-

---

3. Cf. *Ibidem*. Manuscrito C, 33.
4. Francisco. **Exortação Apostólica *Evangelii Gaudium*: a Alegria do Evangelho sobre o anúncio do Evangelho no mundo atual. (Documentos Pontifícios, 17). Brasília: Edições CNBB, 2015.
5. Santa Teresa do Menino Jesus, **História de uma Alma**. Manuscrito C, 34.

chada em si mesma, procurando apenas um sentido consolador, mas o vive com um ardente espírito apostólico.

A graça que nos liberta da autorreferencialidade

12 Sucede algo semelhante quando ela se refere à ação do Espírito Santo, que adquire imediatamente um sentido missionário: "Eis a minha oração. Peço a Jesus que me atraia para as chamas do seu amor, que me una tão estreitamente a Ele, que Ele viva e aja em mim. Estou certa de que quanto mais o fogo do amor inflamar meu coração, tanto mais eu direi: 'Atraí-me'; e mais as almas que se aproximarem de mim (pobre pedacinho de ferro inútil, se eu me afastasse do braseiro divino), mais essas almas correrão rapidamente para o odor das fragrâncias de seu Bem-Amado, pois uma alma inflamada de amor não pode permanecer inativa".[6]

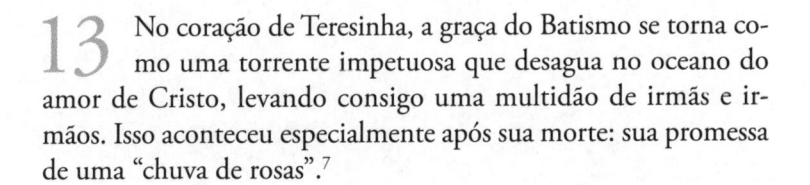

13 No coração de Teresinha, a graça do Batismo se torna como uma torrente impetuosa que desagua no oceano do amor de Cristo, levando consigo uma multidão de irmãs e irmãos. Isso aconteceu especialmente após sua morte: sua promessa de uma "chuva de rosas".[7]

---

6. Santa Teresa do Menino Jesus, **História de uma Alma**. Manuscrito C, 36.
7. *Ibidem*. Últimos colóquios. Caderno Amarelo, 9 de junho de 1897, 3.

Capítulo II
A pequena via da confiança e do amor

14 Uma das descobertas mais importantes de Teresinha, para o bem de todo o povo de Deus, é a sua "pequena via", o caminho da confiança e do amor, conhecido também como *o caminho da infância espiritual*. Todos podem segui-lo, em qualquer estado de vida, nos mais diversos momentos da existência. É o caminho que o Pai celeste revela aos pequeninos (cf. Mt 11,25).

15 Teresinha conta a descoberta da pequena via na *História de uma Alma*:[1] "Posso, apesar da minha pequenez, aspirar à santidade. Fazer-me crescer a mim mesma é impossível; tenho de suportar-me tal como sou, com todas as minhas imperfeições. Mas quero procurar o meio de ir para o Céu por uma pequena via muito direita, muito curta; uma pequena via completamente nova".[2]

16 Para a descrever, recorre à imagem de um elevador: "O elevador que me há de elevar ao Céu são os vossos braços, ó Jesus! Para isso, não tenho necessidade de crescer; pelo contrário, é preciso que eu permaneça pequena, e que me torne cada vez mais pequena".[3] Vê-se pequena, incapaz de confiar em si mesma, mas confiante no poder amoroso dos braços do Senhor.

---

1. Cf. *Ibidem*. Manuscrito C, 2.
2. *Ibidem*.
3. *Ibidem*. Manuscrito C, 3.

17 É o "doce caminho do amor",⁴ aberto por Jesus aos pequeninos e aos pobres, a todos. É o caminho da verdadeira alegria. Diversamente da ideia pelagiana de santidade (cf. GeE, n. 47-62),⁵ individualista e elitista, mais ascética do que mística, que enfatiza principalmente o esforço humano, Teresinha realça sempre o primado da ação de Deus, da sua graça. Assim chega a dizer: "Sinto sempre a mesma confiança audaciosa de me tornar uma grande Santa, pois não conto com os meus méritos, não tenho *nenhum*, mas espero naquele que é a Virtude, a própria Santidade. Só Ele, contentando-se com os meus fracos esforços, me elevará até Ele e, cobrindo-me dos seus méritos infinitos, me fará *Santa*".⁶

Para além de qualquer mérito

18 Esse modo de pensar não contrasta com a doutrina católica tradicional sobre o crescimento da graça. Justificados gratuitamente pela graça santificante, somos transformados e capacitados para cooperar com boas obras em um caminho de crescimento na santidade. Assim, somos elevados de tal maneira que podemos obter méritos reais para o desenvolvimento da graça recebida.

19 No entanto, Teresinha prefere colocar em destaque a primazia da ação divina e convidar à plena confiança, olhando para o amor de Cristo que nos é dado até o fim. No fundo, é este o seu ensinamento: como não podemos ter qualquer certeza olhando para nós mesmos,⁷ é impossível estar seguros de possuir

---
4. *Ibidem*. Manuscrito A, 84.
5. Francisco. **Exortação Apostólica** *Gaudete et Exsultate*: sobre o chamado à santidade no mundo atual. (Documentos Pontifícios, 33). 3. ed. Brasília: Edições CNBB, 2019.
6. Santa Teresa do Menino Jesus, **História de uma Alma**. Manuscrito A, 32.
7. Assim explica o Concílio de Trento: "Assim cada um, *ao considerar-se a si mesmo*, a própria fraqueza e as suas más disposições, tem motivos para tremer e temer pela sua graça" (*Decreto sobre a justificação*, IX: *DzS* 1534). O Catecismo da

méritos próprios. Por conseguinte, não é possível confiar em nossos esforços ou no que fazemos. O Catecismo (n. 2011) quis citar estas palavras de Santa Teresinha dirigidas ao Senhor: "Aparecerei diante de vós com as mãos vazias",[8] para exprimir que "os santos sempre tiveram viva consciência de que seus méritos eram pura graça".[9] Essa convicção suscita uma jubilosa e terna gratidão.

20. Portanto, a atitude mais adequada é depositar a confiança do coração fora de si mesmo, ou seja, na infinita misericórdia de um Deus que ama sem limites e que deu tudo na Cruz de Jesus Cristo.[10] É por isso que Santa Teresinha nunca usa a expressão, frequente no seu tempo, "hei de fazer-me santa".

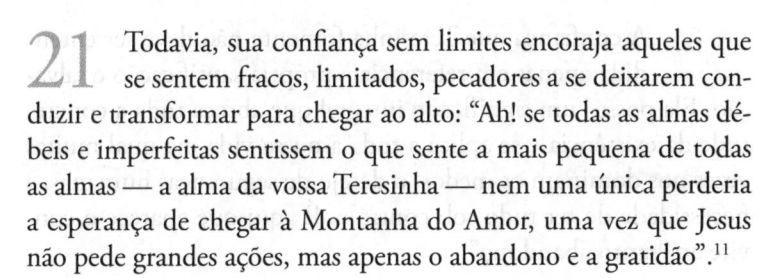

21. Todavia, sua confiança sem limites encoraja aqueles que se sentem fracos, limitados, pecadores a se deixarem conduzir e transformar para chegar ao alto: "Ah! se todas as almas débeis e imperfeitas sentissem o que sente a mais pequena de todas as almas — a alma da vossa Teresinha — nem uma única perderia a esperança de chegar à Montanha do Amor, uma vez que Jesus não pede grandes ações, mas apenas o abandono e a gratidão".[11]

Igreja Católica retoma isso, quando ensina que é impossível ter certeza olhando para si mesmo ou para as próprias ações (cf. n. 2005). A certeza da confiança não se encontra em mim mesmo, o próprio eu não dá fundamentos para tal certeza, que não se baseia na introspecção. De certa forma já o dizia São Paulo: "Quanto a mim, pouco me importa ser julgado por vós ou por alguma instância humana. Nem eu me julgo a mim mesmo. Mesmo que eu não tenha consciência de culpa alguma, isso não quer dizer que eu seja considerado justo" (1Cor 4,3-4). São Tomás de Aquino explica-o da seguinte forma: como a graça "não cura perfeitamente o homem" (*Summa theologiae*, I-II, q. 109, art. 9, ad 1), "permanece uma certa sombra de ignorância no intelecto" (*Ibid.*, comentário).

8. Santa Teresa do Menino Jesus, **História de uma Alma**. Oferecimento de mim mesma como vítima de holocausto ao amor misericordioso de Deus, 9 de junho de 1895.

9. **Catecismo da Igreja Católica**. Brasília: Edições CNBB, 5. ed. 2022.

10. Di-lo com clareza o Concílio de Trento: "Nenhum homem piedoso pode duvidar da misericórdia de Deus" (*Decreto sobre a justificação*, IX: *DzS* 1534). "Todos devem depositar a mais firme confiança na ajuda de Deus" (*Ibid.*, XIII: *DzS* 1541).

11. Santa Teresa do Menino Jesus, **História de uma Alma**. Manuscrito B, 1.

22 Essa mesma insistência de Teresinha na iniciativa divina faz com que, ao falar da Eucaristia, não coloque em primeiro lugar seu desejo de receber Jesus na Sagrada Comunhão, mas o desejo de Jesus que quer unir-se a nós e habitar em nossos corações.[12] No *Oferecimento ao Amor Misericordioso*, sofrendo por não poder comungar todos os dias, diz a Jesus: "Ficai em mim, como no Sacrário".[13] O centro e o objeto do seu olhar não são ela mesma com suas necessidades, mas o Cristo que ama, que busca, que deseja e que faz morada na alma.

O abandono cotidiano

23 A confiança que Teresinha fomenta não deve ser entendida apenas em referência à própria santificação e salvação. Ela possui um significado integral que abraça toda a concretude da existência e se aplica a toda a nossa vida, na qual muitas vezes nos dominam os medos, o desejo de seguranças humanas, a necessidade de ter tudo sob controle. É aqui que aparece o convite ao "santo abandono".

24 A confiança plena, que se torna abandono no Amor, liberta-nos de cálculos obsessivos, da preocupação constante com o futuro, dos medos que tiram a paz. Nos últimos dias da sua vida, Teresinha insistia nisto: "Creio que nós, que corremos pelo caminho do Amor, não devemos pensar no que nos pode acontecer de doloroso no futuro, porque isso seria falta de confiança".[14] A verdade é que, se estamos nas mãos de um Pai que nos ama sem limites, venha o que vier havemos de o ultrapassar e, de uma forma ou de outra, será cumprido em nossa vida o seu projeto de amor e de plenitude.

---

12. Cf. *Ibidem*. Manuscrito A, 48; *Idem*. **Carta 92, A Maria Guérin**, 30 de maio de 1889.

13. Santa Teresa do Menino Jesus, **História de uma Alma**. Oferecimento de mim mesma como vítima de holocausto ao amor misericordioso de Deus, 9 de junho de 1895.

14. *Ibidem*. Últimos colóquios. Caderno Amarelo, 23 de julho de 1897, 3.

Um fogo no meio da noite

25 Teresinha experimentava a fé mais forte e segura no meio da escuridão da noite e até na escuridão do Calvário. Seu testemunho atingiu o ponto culminante no último período de sua vida, em sua grande "provação de fé",[15] que começou na Páscoa de 1896. Na sua narrativa,[16] coloca esta provação em relação direta com a dolorosa realidade do ateísmo de seu tempo. De fato, viveu no final do século XIX, isto é, na "era de ouro" do ateísmo moderno como sistema filosófico e ideológico. Quando ela escreve que Jesus permitiu que sua alma "fosse invadida pelas mais espessas trevas",[17] ela se refere à obscuridade do ateísmo e à rejeição da fé cristã. Em união com Jesus, que acolheu em si toda as trevas do pecado do mundo ao aceitar beber do cálice da Paixão, Teresinha percebe, nessa escuridão, o desespero, o vazio do nada.[18]

26 Mas as trevas não podem apagar a luz: elas foram vencidas por Aquele que veio ao mundo como Luz (cf. Jo 12,46; LF, n. 17).[19] A narrativa de Teresinha manifesta o caráter heroico de sua fé, sua vitória no combate espiritual contra as mais fortes tentações. Sente-se irmã dos ateus e sentada à mesa, como Jesus, com os pecadores (cf. Mt 9,10-13). Ela intercede por eles, enquanto renova continuamente seu ato de fé, sempre em comunhão amorosa com o Senhor: "Corro para o meu Jesus, e digo a Ele que estou pronta para derramar o sangue até a última gota para confessar que existe um Céu. Digo a Ele que estou feliz por não desfrutar desse belo Céu na terra, para que Ele o abra por toda a eternidade aos pobres incrédulos".[20]

---

15. *Ibidem*. Manuscrito C, 31.
16. Cf. *Ibidem*. 5.
17. *Ibidem*.
18. Cf. *Ibidem*. 6.
19. Francisco. **Carta Encíclica *Lumen Fidei*:** a luz da fé. (Documentos Pontifícios, 16). Brasília: Edições CNBB, 2013.
20. Santa Teresa do Menino Jesus, **História de uma Alma**. Manuscrito C, 7.

27 Juntamente com a fé, Teresinha vive intensamente uma confiança ilimitada na misericórdia infinita de Deus, "a confiança [que] tem de conduzir-nos ao Amor".[21] Vive, mesmo na escuridão, a confiança total de uma criança que se entrega sem medo nos braços do pai e da mãe. De fato, para Teresinha, Deus resplandece acima de tudo por sua misericórdia, a chave de compreensão para qualquer outra coisa que se diga dele: "A mim deu-me a sua *Misericórdia infinita*, e é *através dela* que contemplo e adoro as demais perfeições divinas. Assim, todas se me apresentam resplandecentes de amor. A própria Justiça (e talvez mais ainda que qualquer outra) me parece revestida de *amor*".[22] Essa é uma das descobertas mais importantes de Teresinha, uma das maiores contribuições que prestou a todo o povo de Deus. De modo extraordinário, penetrou nas profundezas da misericórdia divina e, de lá, obteve a luz de sua ilimitada esperança.

Uma esperança firmíssima

28 Antes da sua entrada no Carmelo, Teresinha experimentou singular proximidade espiritual a uma das pessoas mais desventuradas: o criminoso e impenitente Henri Pranzini, condenado à morte por triplo homicídio.[23] Oferecendo a Missa por ele e rezando com toda a confiança por sua salvação, ela estava convicta de colocá-lo em contato com o Sangue de Jesus e dizia a Deus estar convencida de que, no último momento, Ele o perdoaria, e que ela acreditaria "mesmo que ele *não se confessasse* e não mostrasse *nenhum sinal de arrependimento*". Ela dá a razão dessa certeza: "tanta confiança eu tinha na misericórdia infinita de Jesus!".[24] Grande comoção se apodera dela, depois, ao descobrir que Pranzini, prestes a ser guilhotinado, "levado por uma sú-

---

21. *Idem.* **Carta 197, À Irmã Maria do Sagrado Coração**, 17 de setembro de 1896.
22. Santa Teresa do Menino Jesus, **História de uma Alma**. Manuscrito A, 83.
23. Cf. *Ibidem.* 45.
24. *Ibidem.* 46.

bita inspiração, volta-se, agarra o *Crucifixo*, que o sacerdote lhe apresentava, e *beija* por *três vezes as suas sagradas chagas!*".²⁵ Essa intensa experiência de esperar contra toda a esperança foi fundamental para ela: "Ah! a partir dessa graça única, meu desejo de salvar as almas cresce a cada dia".²⁶

29. Teresinha está ciente do drama do pecado, embora a vejamos sempre mergulhada no mistério de Cristo, com a certeza de que, "onde, porém, aumentou o pecado, superabundou a graça" (Rm 5,20). O pecado do mundo é imenso, mas não é infinito. Ao contrário, o amor misericordioso do Redentor... esse, sim, é infinito. Teresinha é testemunha da vitória definitiva de Jesus sobre todas as forças do mal, através da sua paixão, morte e ressurreição. Movida pela confiança, ousa escrever: "Jesus, faz-me salvar muitas almas, que hoje não haja uma só condenada (...). Jesus, perdoa-me se eu digo coisas que não se devem dizer, só quero alegrar-te e consolar-te".²⁷ Isso nos permite passar a outro aspecto da ar fresco que é a mensagem de Santa Teresa do Menino Jesus e da Santa Face.

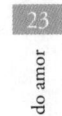

---

25. *Ibidem*.
26. *Ibidem*.
27. *Ibidem*. **Oração 2**, 8 de setembro de 1890.

Capítulo III
Serei o amor

30 "Maior" do que a fé e a esperança, a caridade nunca acabará (cf. 1Cor 13,8-13). É o maior dom do Espírito Santo, sendo "a mãe e a raiz de todas as virtudes".[1]

A caridade como atitude pessoal de amor

31 A *História de uma Alma* é um testemunho de caridade, no qual Teresinha nos oferece um comentário sobre o novo mandamento de Jesus: "Que vos ameis uns aos outros como Eu vos amei" (Jo 15,12).[2] Jesus tem sede dessa resposta ao seu amor. De fato, "não receou *mendigar* um pouco de água à Samaritana. Tinha sede... Mas ao dizer: 'Dá-me de beber', era *o amor* da sua pobre criatura que o Criador do Universo pedia. Tinha sede de amor".[3] Teresinha quer corresponder ao amor de Jesus, retribuir amor com amor.[4]

32 A simbologia do amor esponsal expressa a reciprocidade do dom de si entre o esposo e esposa. Assim, inspirada pelo *Cântico dos Cânticos* (2,16), escreve: "Penso que o coração do

---
1. *Summa theologiae*, I-II, q. 62, art. 4.
2. Cf. Santa Teresa do Menino Jesus, **História de uma Alma**. Manuscrito C, 11.
3. *Ibidem*. Manuscrito B, 1.
4. Cf. *Ibidem*. 4.

meu Esposo é só meu como o meu é só dele e então falo-lhe na solidão desta deliciosa intimidade, esperando contemplá-lo um dia face a face".⁵ Embora o Senhor nos ame em conjunto como seu povo, a caridade age ao mesmo tempo de forma muito pessoal, "de coração a coração".

33 Teresinha tem a viva certeza de que Jesus a amou e a conheceu pessoalmente em sua Paixão: "que me amou e se entregou por mim" (Gl 2,20). Contemplando Jesus em sua agonia, ela lhe diz: "Tu viste-me",⁶ como diz ao Menino Jesus nos braços de sua Mãe: "Com a tua mãozinha, que acariciava Maria, sustinhas o mundo e davas-lhe vida. E pensavas em mim".⁷ Assim, desde o início da *História de uma Alma*, contempla o amor de Jesus por todos e por cada um como se fosse único no mundo.⁸

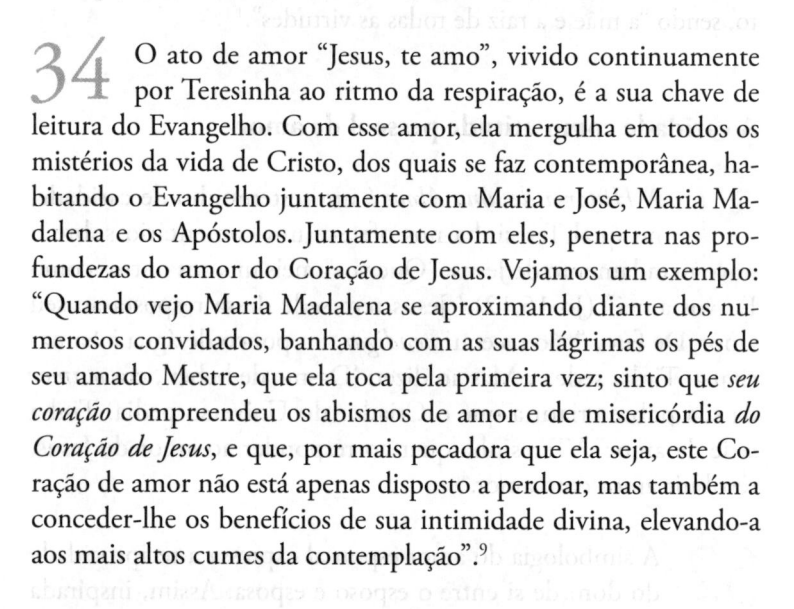

34 O ato de amor "Jesus, te amo", vivido continuamente por Teresinha ao ritmo da respiração, é a sua chave de leitura do Evangelho. Com esse amor, ela mergulha em todos os mistérios da vida de Cristo, dos quais se faz contemporânea, habitando o Evangelho juntamente com Maria e José, Maria Madalena e os Apóstolos. Juntamente com eles, penetra nas profundezas do amor do Coração de Jesus. Vejamos um exemplo: "Quando vejo Maria Madalena se aproximando diante dos numerosos convidados, banhando com as suas lágrimas os pés de seu amado Mestre, que ela toca pela primeira vez; sinto que *seu coração* compreendeu os abismos de amor e de misericórdia *do Coração de Jesus*, e que, por mais pecadora que ela seja, este Coração de amor não está apenas disposto a perdoar, mas também a conceder-lhe os benefícios de sua intimidade divina, elevando-a aos mais altos cumes da contemplação".⁹

---

5. Santa Teresa do Menino Jesus, **Carta 122, A Celina**, 14 de outubro de 1890.
6. Santa Teresa do Menino Jesus, **Poemas**. Poesia 24, 21.
7. *Ibidem*. Poesia 24, 6.
8. Cf. *Idem*, **História de uma Alma**. Manuscrito A, 3.
9. *Idem*, **Carta 247, Ao padre M. Belliére**, 21 de junho de 1897.

O maior amor na maior simplicidade

35 No final da *História de uma Alma*, Santa Teresinha deixa-nos o seu *Oferecimento como Vítima de Holocausto ao Amor Misericordioso de Deus*.[10] Quando se entregou plenamente à ação do Espírito, recebeu, sem clamor nem sinais vistosos, a superabundância da água viva: "as ondas, ou antes, os oceanos de graças que vieram inundar-me a alma".[11] Trata-se da vida mística que, mesmo privada de fenômenos extraordinários, é oferecida a todos os fiéis como uma experiência cotidiana de amor.

36 Teresinha vive a caridade na pequenez, nas coisas mais simples da existência de cada dia, e o faz em companhia da Virgem Maria, aprendendo com ela que *"amar é tudo dar, e dar-se a si mesmo"*.[12] De fato, enquanto os pregadores do seu tempo falavam com frequência da grandeza de Maria de forma triunfalista, como se estivesse afastada de nós, Teresinha mostra, a partir do Evangelho, que Maria é a maior do Reino dos Céus porque é a mais pequena (cf. Mt 18,4), a mais próxima de Jesus em sua humilhação. Ela percebe que, se as narrações apócrifas estão cheias de passagens atraentes e maravilhosas, os Evangelhos nos mostram uma vida humilde e pobre vivida na na simplicidade da fé. O próprio Jesus quer que Maria seja o exemplo da alma que o procura com uma fé despojada.[13] Maria foi a primeira a viver a "pequena via" na fé pura e na humildade; por isso, Teresinha não hesita em escrever:

"Sei que em Nazaré, Mãe cheia de graça
Viveste pobremente, não querendo nada mais
Nem arrebatamentos, nem milagres, nem êxtases
Embelezaram a tua vida, ó Rainha dos Eleitos!...

---

10. Cf. *Idem*, **História de uma Alma**. Oferecimento de mim mesma como vítima de holocausto ao amor misericordioso de Deus, 9 de junho de 1895.
11. *Ibidem*. Manuscrito A, 84.
12. Santa Teresa do Menino Jesus, **Poemas**. Poesia 54, 22.
13. Cf. *Ibidem*. Poesia 54, 15.

O número dos pequenos é bem grande na terra
Eles podem sem receio erguer os olhos para ti
É pela *via comum*, incomparável Mãe
Que te apraz caminhar guiando-os para o Céu".¹⁴

37. Teresinha também nos deixou relatos que testemunham alguns momentos de graça vividos em meio à simplicidade de cada dia, como a sua inspiração repentina enquanto acompanhava uma irmã doente de temperamento difícil. Mas trata-se sempre de uma caridade mais intensa vivida nas situações mais ordinárias: "Uma noite de inverno, cumpria, como de costume, o meu pequeno ofício. Estava frio, era noite… De repente, ouvi ao longe o som harmonioso de um instrumento musical. Então imaginei um salão bem iluminado, todo resplandecente de dourados, de donzelas elegantemente vestidas, dirigindo-se mutuamente cumprimentos e cortesias mundanas. A seguir, o meu olhar pousou na pobre doente que amparava; em vez de uma melodia, ouvia, de vez em quando, os seus gemidos queixosos; em vez de dourados, via os tijolos do nosso claustro austero, mal iluminado por uma luz muito frouxa. Não consigo expressar o que se passou na minha alma; o que sei é que o Senhor a iluminou com os reflexos da verdade, que ultrapassavam de tal maneira o brilho tenebroso das festas da terra, que não podia acreditar na minha felicidade… Ah! para desfrutar mil anos de festas mundanas, não teria dado os dez minutos gastos no cumprimento do meu humilde ofício de caridade".¹⁵

No coração da Igreja

38. Teresinha herdou de Santa Teresa d'Ávila um grande amor pela Igreja, chegando às profundezas desse mistério. Podemos ver isso em sua descoberta do "coração da Igreja".

---

14. *Ibidem*. Poesia 17.
15. Santa Teresa do Menino Jesus, **História de uma Alma**. Manuscrito C, 29.

Em uma longa oração a Jesus,[16] escrita no dia 8 de setembro de 1896, no sexto aniversário da sua profissão religiosa, a Santa confia ao Senhor que se sentia plena de um desejo imenso, por uma paixão pelo Evangelho que nenhuma vocação, por si só, podia satisfazer. E assim, procurando o seu "lugar" na Igreja, ela releu os capítulos 12 e 13 da Primeira Carta de São Paulo aos Coríntios.

39 No capítulo 12, o Apóstolo utiliza a metáfora do corpo e de seus membros para explicar que a Igreja contém uma grande variedade de carismas dispostos em uma ordem hierárquica. Mas essa descrição não é suficiente para Teresinha; continua a sua busca. Lê o "hino da caridade" no capítulo 13, encontrou a grande resposta e escreveu esta página memorável: "Considerando o corpo místico da Igreja, não me reconheci em nenhum dos membros descritos por São Paulo; ou melhor, eu queria me reconhecer em *todos*... A caridade me deu a chave da minha *vocação*. Compreendi que, se a Igreja tinha um corpo composto de diversos membros, o mais necessário, o mais nobre de todos não lhe faltava: compreendi que a Igreja tinha um coração, e que esse coração estava ardendo de amor. Compreendi que *só o Amor* fazia agir os membros da Igreja; que se o Amor se apagasse, os Apóstolos já não anunciariam o Evangelho, os mártires se recusariam a derramar seu sangue... Compreendi que o *Amor* continha todas as Vocações, que o Amor é tudo, que abarca todos os tempos e todos os lugares... em uma palavra, que é Eterno! Então, em um transporte de alegria delirante, exclamei: 'Ó Jesus, meu Amor, encontrei finalmente a minha vocação; a minha vocação é o Amor!'. Sim, encontrei o meu lugar na Igreja, e esse lugar, ó meu Deus, fostes vós que me destes. No coração da Igreja, minha Mãe, eu serei o Amor. Assim serei tudo..., assim o meu sonho será realizado!".[17]

40 Não é o coração de uma Igreja triunfalista, mas o coração de uma Igreja amorosa, humilde e misericordiosa. Teresinha nunca se coloca acima dos outros, mas no último lu-

---

16. Cf. *Ibidem*. Manuscrito B, 2.
17. *Ibidem*. Manuscrito B, 3.

gar com o Filho de Deus, que por nós assumiu a condição de escravo, se humilhou, fazendo-se obediente até a morte numa cruz (cf. Fl 2,7-8).

41. Tal descoberta do coração da Igreja é uma grande luz também para nós hoje, a fim de não nos escandalizarmos por causa das limitações e fraquezas da instituição eclesiástica, marcada por obscuridades e pecados, e entrarmos no seu coração ardente de amor, que se incendiou em Pentecostes graças ao dom do Espírito Santo. É o coração cujo fogo se reaviva ainda com cada um dos nossos atos de caridade. "Eu serei o amor": essa é a opção radical de Teresinha, a sua síntese definitiva, a sua identidade espiritual mais pessoal.

Chuva de rosas

42. Depois de muitos séculos em que inúmeros Santos expressaram, com grande fervor e beleza, seu desejo de "ir para o Céu", Santa Teresinha reconheceu com grande sinceridade: "Tinha então grandes provações interiores de todas as espécies (até me perguntava, por vezes, se havia um Céu)".[18] Em outra ocasião, disse: "Quando canto a felicidade do Céu, a posse eterna de Deus, não sinto nenhuma alegria, porque canto simplesmente o que *quero acreditar*".[19] Mas o que aconteceu? Ela estava ouvindo mais o chamado de Deus para abrasar o coração da Igreja do que sonhava com sua própria felicidade.

43. A transformação operada nela permitiu-lhe passar de um fervoroso desejo pelo Céu a um constante e ardente desejo do bem de todos, culminando no sonho de continuar no

---

18. Santa Teresa do Menino Jesus, **História de uma Alma**. Manuscrito A, 80. Não era falta de fé. São Tomás de Aquino ensina que na fé atuam a vontade e a inteligência. A adesão da vontade pode ser muito sólida e radicada, enquanto a inteligência pode estar obscurecida: cf. *De Veritate* 14, 1.
19. *Ibidem*. Manuscrito C, 7.

Céu a sua missão de amar Jesus e de o fazer amar. Nesse sentido, escreveu em uma de suas últimas cartas: "Tenho certeza de que não ficarei ociosa no Céu, meu desejo é continuar trabalhado pela Igreja e pelas almas".[20] E então afirmava sem rodeios: "Meu Céu se passará sobre a terra até o fim do mundo. Sim, quero passar meu Céu fazendo o bem sobre a terra".[21]

44 Assim, Teresinha expressava sua resposta mais convicta ao dom único que o Senhor lhe estava oferecendo, à luz surpreendente que Deus derramava sobre ela. Dessa forma, ela chegou à sua última síntese pessoal do Evangelho, partindo da plena confiança para culminar no dom total aos outros. Ela não duvidava da fecundidade desta entrega: "Penso em todo o bem que quereria fazer depois da minha morte";[22] "o bom Deus não me daria esse desejo de fazer o bem sobre a terra depois da minha morte, se não quisesse realizá-lo".[23] "Será como uma chuva de rosas".[24]

45 Fecha-se o círculo. "*C'est la confiance*". É a confiança que nos conduz ao Amor e assim nos liberta do temor; é a confiança que nos ajuda a desviar o olhar de nós mesmos; é a confiança que nos permite colocar nas mãos de Deus o que somente Ele pode fazer. Isso nos deixa com uma imensa torrente de amor e de energias disponíveis para procurar o bem dos irmãos. E assim, no meio do sofrimento dos seus últimos dias, Teresinha pôde dizer: "*Conto somente com o amor*".[25] No final, só o amor importa. A confiança faz desabrochar as rosas e as espalha como um transbordar da superabundância do amor divino. Peçamo-la como dom gratuito, como valioso presente da graça, para que se abram em nossas vidas os caminhos do Evangelho.

---

20. *Idem*, **Carta 254, Ao padre A. Roulland**, 14 de julho de 1897.
21. *Ibidem*. 17 de julho de 1897.
22. *Ibidem*. 13 de julho de 1897.
23. *Ibidem*. 18 de julho de 1897.
24. *Ibidem*. 9 de junho de 1897.
25. Santa Teresa do Menino Jesus, **Carta 242, À Irmã Maria da Trindade**, 6 de junho de 1897.

Capítulo IV
No coração do Evangelho

46 Na *Evangelii Gaudium,* insisti sobre o convite a regressar ao frescor da fonte, destacando o que é essencial e indispensável. Considero oportuno retomar e propor novamente esse convite.

A Doutora da síntese

47 Esta Exortação sobre Santa Teresinha me permite recordar que, em uma Igreja missionária, "o anúncio concentra-se no essencial, no que é mais belo, mais importante, mais atraente e, ao mesmo tempo, mais necessário. A proposta acaba simplificada, sem com isso perder profundidade e verdade, e assim se torna mais convincente e radiosa" (EG, n. 35). O núcleo luminoso é *"a beleza do amor salvífico de Deus manifestado em Jesus Cristo morto e ressuscitado"* (EG, n. 36).

48 Nem tudo é igualmente central, porque há uma ordem ou hierarquia entre as verdades da Igreja, e "isto é válido tanto para os dogmas da fé como para o conjunto dos ensinamentos da Igreja, incluindo a doutrina moral" (EG, n. 36). O centro da moral cristã é a caridade, que é a resposta ao amor incondicional da Trindade, de modo que "As obras de amor ao próximo são a manifestação externa mais perfeita da graça interior do Espírito" (EG, n. 37). No final, apenas o amor importa.

49 Precisamente, a contribuição específica que Santa Teresinha nos oferece como Santa e Doutora da Igreja não é analítica, como poderia ser, por exemplo, a de São Tomás de Aquino. Sua contribuição é mais sintética, porque a sua genialidade consiste em nos levar ao centro, àquilo que é essencial, àquilo que é indispensável. Com suas palavras e com o seu percurso pessoal, ela mostra que, embora todos os ensinamentos e normas da Igreja tenham a sua importância, o seu valor, a sua luz, alguns são mais urgentes e mais constitutivos para a vida cristã. Foi nestes que Teresa fixou o olhar e o coração.

50 Como teólogos, estudiosos da moral, estudiosos de espiritualidade, como pastores e como fiéis, cada qual no respectivo âmbito, ainda temos necessidade de acolher essa intuição genial de Teresinha e tirar as devidas conclusões, tanto teóricas quanto práticas, tanto doutrinais quanto pastorais, tanto pessoais quanto comunitárias. São necessárias audácia e liberdade interior para o poder fazer.

51 Às vezes, de Teresa, citam-se apenas expressões que são secundárias ou mencionam-se coisas que ela pode ter em comum com qualquer outro Santo: a oração, o sacrifício, a piedade eucarística e muitos outros belos testemunhos, mas assim poderíamos privar-nos daquilo que é mais específico do seu dom à Igreja, esquecendo que "cada santo é uma missão; é um projeto do Pai que visa refletir e encarnar, em um momento determinado da história, um aspecto do Evangelho" (GeE, n. 19). Por isso, "Para identificar qual seja essa palavra que o Senhor quer dizer através de um santo, não convém deter-se nos detalhes, porque nisso também pode haver erros e quedas. Nem tudo o que um santo diz é plenamente fiel ao Evangelho, nem tudo o que faz é autêntico ou perfeito. O que devemos contemplar é o conjunto da sua vida, o seu caminho inteiro de santificação, aquela figura que reflete algo de Jesus Cristo e que sobressai quando se consegue compor o sentido da totalidade da sua pessoa" (GeE, n. 22). E isso vale com maior força de razão para Santa Teresinha, sendo ela uma "Doutora da síntese".

52   Do céu à terra, a atualidade de Santa Teresa do Menino Jesus e da Santa Face permanece em toda a sua "pequena grandeza".

Em um tempo que nos convida a fechar-nos nos próprios interesses, Teresinha mostra a beleza de fazer da vida um dom.

Em um período em que prevalecem as necessidades mais superficiais, ela é testemunha da radicalidade evangélica.

Em uma época de individualismo, ela nos faz descobrir o valor do amor que se torna intercessão.

Em um momento em que o ser humano vive obcecado pela grandeza e por novas formas de poder, ela aponta a via da pequenez.

Em um tempo em que se descartam tantos seres humanos, ela nos ensina a beleza do cuidado, do ocupar-se do outro.

Em um momento de complexidade, ela pode nos ajudar a redescobrir a simplicidade, o primado absoluto do amor, da confiança e do abandono, superando uma lógica legalista e moralista que enche a vida cristã de obrigações e preceitos e congela a alegria do Evangelho.

Em um tempo de entrincheiramento e reclusão, Teresinha nos convida à saída missionária, conquistados pela atração de Jesus Cristo e do Evangelho.

53   Um século e meio depois do seu nascimento, Teresa está mais viva do que nunca no coração da Igreja a caminho, no coração do povo de Deus. Está peregrinando conosco, fazendo o bem sobre a terra, como tanto desejava. O sinal mais belo da sua vitalidade espiritual são as inúmeras "rosas" que vai espalhando, isto é, as graças que Deus nos concede por sua intercessão cheia de amor, para nos sustentar no percurso da vida.

Amada Santa Teresinha,
A Igreja precisa fazer resplandecer
A cor, o perfume, a alegria do Evangelho.
Enviai-nos as vossas rosas!
Ajudai-nos a ter sempre confiança,
Como fizestes vós,

No grande amor que Deus tem por nós,
Para podermos imitar a cada dia
A vossa pequena via de santidade.
Amém.

Dado em Roma, São João de Latrão, no dia 15 de outubro — Memória de Santa Teresa d'Ávila — do ano 2023, décimo primeiro do meu Pontificado.

Franciscus